advaita media

Originalausgabe:
Gespräche mit OM C. Parkin
Mysterienschule – Schule für innere Transformation

advaitaMedia – *Weisheit aus der Stille*
Maria-Louisen-Str. 57
D-22301 Hamburg
www.advaitamedia.com
advaita@advaitamedia.com

in J.Kamphausen Verlag & Distribution GmbH, Bielefeld

Projektleitung: Lijoy Karikott
Einführung: Iris Rohmann
Lektorat: Anama Frühling
Druck & Bindung: BoD, Norderstedt
Cover, Satz & Gestaltung: Christoph Konradi, www.konradi.com

2. Auflage 2008

Die Deutsche Bibliothek verzeichnet diese Publikation
in der Deutschen Nationalbibliografie.
Ein Titelsatz für diese Publikation ist dort erhältlich.

ISBN 978-3-936718-10-2

Gespräche mit OM C. Parkin

Mysterienschule

Schule für innere Transformation

advaitaMedia - *Weisheit aus der Stille*

OM C. Parkin

Mystiker, Philosoph, Advaita-Lehrer.
Gründer der Enneallionce – *School for Inner Work*, deren Herz die Mysterienschule ist.

WWW.OM-C-PARKIN.DE
WWW.ENNEALLIONCE.DE

Einführung

Über historische Mysterienschulen ist wenig bekannt. Doch gibt es für den, der sich damit beschäftigt, einige grundlegende Merkmale, die sich immer wieder feststellen lassen und die auch auf die von OM C. Parkin gegründete Mysterienschule zutreffen: Sie arbeiten im Verborgenen, sie widmen sich den Geheimnissen des Lebens und des Todes; sie verstehen sich als Weisheitsschulen und lehren die Alchemie innerer Verwandlung. In diesem Sinne ist auch die junge Schule von OM der Begegnung mit dem Göttlichen und der Selbsterkenntnis geweiht.

Mitte der 90er Jahre begann OM, ermutigt von seiner Lehrerin Gangaji, mit den ersten Kursen und Seminaren; damals nannte er es noch „Mysterium". In der jetzigen Form besteht die Schule seit 2002. Wegen des anhaltenden Interesses an der Mysterienschule ist nun in Gesprächen mit OM so etwas wie ein Grundsatzpapier entstanden, das eine erste ausführliche Zusammenfassung der Arbeit in der Schule überhaupt darstellt.

Häufig bin ich als Studentin gefragt worden, was für eine Lehranstalt diese Mysterienschule denn sei. Ich kann sagen: Sie widmet sich den großen Menschheitsfragen, die darauf warten, im Licht des Bewußtseins neugierig erforscht und auf neue Weise beantwortet zu werden. Es ist eine Lebensschule, die mich meinen Alltag, meine Tätigkeiten und Beziehungen heute anders leben und erleben läßt und mich eine Kultur des Herzens lehrt. Es ist eine Schule der Selbsterforschung, die mir Schlüssel in die Hand gibt, nicht nur meine persönliche Geschichte, sondern auch die meiner Familie, meines Volkes und meiner Spezies „aufzuschließen". Den tiefen Schmerz unserer menschlichen Irrungen und Wirrungen mitfühlend zu verstehen, macht es mir möglich, aus dem von altersher überlieferten Leidenssystem auszusteigen.

Es ist auch und vor allem für mich eine Schule des mystischen Weges, wo ich mich in Meditation ganz in Gott versenke und das Vertrauen wächst und immer wieder genährt wird, daß diese Welt des Getrenntseins zugleich eine Welt des Einsseins ist.
Auf dem inneren Weg erfahre ich, daß die Welt „da draußen“ und ich „hier drinnen“ nicht getrennt sind voneinander. Es ist sicherlich leichter, mich verbunden zu fühlen, wenn es sich um beglükkende, friedvolle oder befreiende Spiegel meiner selbst handelt. Sehr viel schwieriger ist es zu sehen, daß auch Gefängnisse in meinem Inneren sind, Armut und Hunger dort herrschen können, jeder Krieg in mir selbst beginnt – und auch nur in mir enden kann. Obwohl ich körperlich von allem getrennt bin, ein unverwechselbares Individuum, zeigt mir die ganze Welt den Zustand meines Inneren, denn nichts finde ich dort draußen, was nicht auch in mir selbst lebt.
So besuche ich die Mysterienschule, um das Rätsel zu verstehen, das ich mir selbst bin, und einen Weg der Integration zu gehen, der das Licht ebenso erblickt wie den Schatten, das Leben ebenso annimmt wie den Tod. Wenn ich weiß, wer ich bin, dann bin ich frei, auch äußerlich den Platz einzunehmen, der für mich vorgesehen ist.

Ich erlebe in meiner Arbeit in den Medien, im politischen, gesellschaftlichen und auch privaten Diskurs ein häufiges Fragen nach inneren Werten, auf denen ein einzelnes Leben ebenso wie eine globale Weltordnung sinnvoll aufgebaut sein könnten. Ich fühle bei vielen Menschen eine Suche und eine Sehnsucht nach Wahrheit und Liebe und gleichzeitig eine Orientierungslosigkeit und Zukunftsangst, die ebenso persönlich wie global gemeint sein können, und in der Menschen sehr unterschiedlicher Kulturen sich kaum unterscheiden.
Eine moderne Mysterienschule ist in meinen Augen ein Angebot, diese Sehnsucht einzuladen und der Orientierungslosigkeit die innere Unterscheidungskraft entgegenzusetzen.

Das Gespräch mit OM enthält grundlegende Informationen über die Tradition, in welche diese Schule innerer Transformation eingebettet ist, ihren Lehransatz und die Lehren, über Lehrplan, Lernziel und die Voraussetzungen für eine Teilnahme.
Diese Basisinformationen sind für Mysterienschüler sicherlich wertvoll, um sich selbst zu positionieren; auch für Selbsterforscher anderer Traditionen sind sie interessant und vielleicht anziehend.
Doch ebenso ist dieser Text in meinen Augen für Menschen geeignet, die sich angesprochen fühlen, eine Innere Schule zu besuchen, und hier Inspiration und Anregung finden mögen.

Mein erster Grundzyklus ist Ende 2007 abgeschlossen, deshalb freue ich mich besonders darüber, daß dieser Text genau zu diesem Zeitpunkt vorliegt. Die Schule ist damit nicht beendet, das ist auch nicht ihre Absicht. Ich freue mich und bin dankbar, diesen Weg mit meinem Lehrer und meinen Weggefährten weiterhin gehen zu dürfen.

Iris Rohmann, Köln 7. September 2007

Inhaltsverzeichnis

I

Die Mysterienschule als Lebensschule

Was ist eine Mysterienschule?

Wie das altgriechische Wort „mysterion“ schon sagt, widmet sich eine Mysterienschule den Geheimnissen des Lebens. Sie forscht nach den verborgenen Schätzen der Welt, fragt nach den Gesetzen des menschlichen Geistes und lehrt die Unterscheidung zwischen Illusion und Wirklichkeit. Letztlich ist sie der Fingerzeig auf das, was die Welt im Innersten zusammenhält.

Was unterscheidet eine Mysterienschule von einer weltlichen Schule?

Die normale Schule, in die Kinder und Jugendliche gehen, oder auch die Hochschulen der Erwachsenen sind *äußere* Schulen, und eine Mysterienschule ist eine *Innere* Schule. Äußere Schulen lehren bekanntes Konzeptwissen, welches für die Lebensführung und den beruflichen Werdegang notwendig ist. Innere Schulen begleiten Menschen auf dem inneren Weg der Befreiung und des Wissens um das SELBST. Es handelt sich um zwei völlig unterschiedliche Arten von Bildung. Auf dem inneren Weg inneres Wissen zu erlangen, bedeutet nicht, vorgegebenen Lernstoff zu pauken. Vielmehr kann durch direkte Erfahrung das bereits vorhandene *Allwissen* freigelegt werden. Meister Eckhart nannte es die *Ein-Bildung in Gott.*

Doch auch jemand, der Philosophie studiert, interessiert sich für die Gesetzmäßigkeiten des Geistes. Jemand, der im Kloster lebt, sucht nach dem, was die Welt im Innersten zusammenhält. Welche besonderen Qualitäten hat eine Mysterienschule?

Die Praxis einer Inneren Schule spricht den ganzen Menschen an. So hat auch die von mir gegründete Mysterienschule die Qualität einer integralen Praxis. Ein Philosophie- oder Theologiestudium mag Aspekte des inneren Weges berühren, doch in der Regel hat das dort vermittelte Wissen die Tendenz, sich im Mentalzentrum zu verfangen. Dort gibt es einen kleinen Wissenskreislauf, der nicht in Kontakt ist mit den anderen Zentren der Intelligenz – Herz und Bauch.

Einfach ausgedrückt: Viele westliche Menschen verstehen viel und erkennen wenig, ihr Wissen ist mental, nicht integral, hat somit keinen Kontakt zur REALITÄT und keinerlei wandelnde Kraft. Es ist übernommenes Verstandeswissen. Wissen aus zweiter Hand. Pseudowissen. So werden Studierende der Philosophie oder der Theologie vielleicht klug, aber nicht weise.

Wenn angelesenes Wissen nicht von einer radikalen Praxis der Selbsterforschung und von Meditation begleitet wird, geschieht keine Transformation. Die integrale Praxis der Mysterienschule spricht den Menschen auf allen Ebenen an: auf der geistigen Ebene, auf der emotionalen Ebene und auch auf der körperlich-sensorischen Ebene.

Im Folgenden möchte ich gern differenzierter über die von Dir gegründete Schule sprechen. Entsprechend dem integrativen Ansatz gibt es dort Lehrvorträge über die Natur des Geistes, philosophische Dialoge, Kontemplation, es gibt Partnerarbeit und Kleingruppen, Rituale und geistiges Heilen, Körperarbeit, Musik, Tanz und viele andere Elemente. Soviel zu einigen Methoden des „Unterrichts".
Welche inhaltlichen Schwerpunkte hat die Mysterienschule?

Die Mysterienschule behandelt zunächst diejenigen Themen, die ich als die Leidensknoten des Menschen bezeichne: beispielsweise die Identifikation mit den leiblichen Eltern, mit dem Kollektiv, mit der Leidensgeschichte der gesamten Menschheit. Die Liebe zwischen Mann und Frau, sexuelle Kraft, Krieg und Frieden, Angst, Tod und Sterben.

Die drei Themen des äußeren Kreises der Mysterienschule in den Jahresgruppen lauten zum Beispiel: „Widerstand gegen das Leben", „Hinwendung zum falschem Leben (dem Schein)" und „Angst vor dem Leben". Und es geht darin jeweils um die Möglichkeit der Wandlung von Leiden in die Kraft innerer Stille.

Die Mysterienschule umfaßt also die ganze Spannbreite menschlicher und damit weltlicher Fragestellungen und Problematiken. Heißt es nicht aber, daß der Weise, der kontemplative Mensch auf seinem Weg die Welt mit ihren Fragen, ihren Freuden und Leiden hinter sich zurücklassen muß?

Die reine Kontemplation ist die Essenz einer jeden Bemühung auf dem inneren Weg. Sie ist zugleich die Haltung, mit der ich mich an ein inneres Thema überhaupt annähern kann, und ebenso ist sie die Frucht der Integration dieser Themen.
Aber das Höhere baut immer auf dem Niederen auf. So hat ein integrierter Mensch das Niedere in sich angenommen, aufgenommen. Ich meine das völlig wertfrei. Samuel Widmer, ein spiritueller Lehrer aus der Schweiz, sagte im advaitaJournal (Vol. 15): „Spiritualität beginnt im Becken." Das heißt natürlich nicht, daß man sich die ganze Zeit mit dem Becken beschäftigt. Aber die Kraft der shakti steigt von unten auf. Im untersten Bereich ist sie rein sexueller Natur und diese Kraft muß genommen und integriert werden, nicht „überwunden". Diese Verwechslung geht leider auf ein uraltes christliches Mißverständnis zurück.
Umfassende Lehren einer jeden Mysterienschule befassen sich mit der Menschwerdung *und* mit der Transzendenz des begrenzten menschlichen Zustandes. Ein Mensch, der nicht vollständig als Mensch inkarniert ist, kann das spirituelle Herz des Menschseins nicht wirklich berühren. Wenn ein Mensch nicht einmal das Menschsein lieben kann, wie sollte er dann Gott lieben?

Was meinst Du mit „vollständig inkarniert?"

Der Mensch muß auf dem inneren Weg erneut inkarnieren. Ich nenne es die *zweite Inkarnation*. Er durchläuft ein zweites Mal die Evolutionsstufen, die sein Organismus bereits einmal durchlaufen hat. Diesmal jedoch bei vollem Bewußtsein.

Schulen sind Orte des Lernens und des Wissens. Früher hieß es: „In der Schule lernst Du was fürs Leben." Oder es hieß: „Was Du weißt, das kann Dir keiner nehmen." Oder sogar: „Wissen ist Macht." All diese Sätze sind aber nicht wahr, sie sind nicht eingetroffen. Habe ich etwas Falsches gelernt, oder habe ich es nicht gelernt zu lernen?

Beides. Zunächst: Ich hole die Menschen dort ab, wo sie glauben, sich aufzuhalten. Ich begleite sie durch Selbsttäuschungen und Enttäuschungen, durch Veränderungen und alle Evolutionsprozesse, die dieser Organismus durchzumachen hat. Doch um der Wahrheit zu begegnen, muß man erst einmal der Unwahrheit begegnen. Wir wissen, daß das nicht immer angenehm ist, weil dieser Weg auch bedeutet, den eigenen Lügen bzw. Mißverständnissen über mich, das Menschsein, über Gott, über alles was existiert, ins Auge zu blicken. Doch gerade wenn du der Unwahrheit ganz genau ins Auge blickst, lernst du die Unterscheidungskraft zwischen beiden.

Wenn ich die Lügen über mich selbst, meine Selbsttäuschungen, als Konditionierungen ansehe, findet also in der Mysterienschule ein Dekonditionierungsprozeß statt?

Ja, genau genommen ist es zunächst ein Prozeß des Verlernens, nicht des Lernens. Ein Prozeß der Loslösung von der begrenzten Identität des Ich. Eine Mysterienschule ist keine Lernschule, sondern eine „Verlernschule". Wenn ich verlerne, was ich nicht bin, aber glaubte zu sein, bleibt das was ICH BIN. So beginnt wahres Lernen erst.

Du arbeitest in den Treffen der Mysterienschule nicht nur mit der Ich-Identität, sondern auch mit unseren kollektiven Konditionierungen, zum

Beispiel den Prägungen eines Volkes wie den Deutschen oder allgemein dem Erbe unserer christlich-westlichen Kultur.

Das Ich hat kollektive Wurzeln. Und auch die kollektive Identität ist eine begrenzte Identität, die für die Freiheit verlassen werden muß. Sie erscheint zwar im ersten Augenblick größer als das persönliche Ich, aber das ist sie nicht wirklich.

Dann gehst Du noch weiter in Deiner Arbeit; Du gehst in der Evolution zurück bis ins Tierreich und behandelst das Thema des Tiermenschen.

Das wiederum kommt aus dem Verständnis, daß die körperliche menschliche Identität aus dem Tierreich stammt, und diese körperliche Identität ist zu einer abgespaltenen Identität des Menschen geworden. Es geht darum, das Tierische in uns – und damit das Körperliche - ganz zu uns zurückzunehmen. Wenn du diesen Körper wieder bewohnst, erlebst du dadurch keine Beengung, sondern paradoxerweise eine erste Weitung. Wie bereits gesagt: Ich begleite bildlich gesprochen die von unten aufsteigende Schlange vom Tierreich zum Menschenreich bis ins Reich Gottes.

Das ist ein kontinuierlicher Lehrplan, der sehr logisch aufgebaut ist. Dennoch habe ich mich in diesem Prozeß häufig mit „Lernschwierigkeiten" herumgeschlagen. Ich hatte das Gefühl: Dies oder das werde ich nie begreifen...

Hier kommt zur Sprache, was du vorhin gesagt hast: Du hast es nicht gelernt zu lernen. Ein gewöhnlicher Mensch hat keine wirkliche Bereitschaft, über sich selbst zu lernen. Menschen sind ja in ihrer persönlichen Welt ambivalent: Zu jedem Ja gibt es ein Nein, zu jedem Wunsch gibt es einen Widerstand, und zu jeder Lernbereitschaft gibt es einen Lernwiderstand. Die Menschen überhaupt wieder in einen Zustand offener Lernbereitschaft zurückzuführen, das ist eine der ersten, primären Aufgaben in einer Mysterienschule. „Lernen" auf dem inneren Weg klingt harmlos, in Wirklichkeit

bedeutet lernen auch zu sterben. Das Ich ist jedoch zunächst darauf aus, seine alte Selbstsicht und Weltsicht zu schützen und zu bewahren. Es will sich nicht wirklich verändern.
Der Lehrer überträgt die Leidenschaft für das Feuer an den Schüler, so daß jener erkennt, daß Lernen keine Last ist, sondern ein inneres Abenteuer, eine Freude.
Dann, im weiteren Verlauf des inneren Weges, wird die Unterscheidungsfähigkeit gestärkt, die einen Menschen befähigt, zwischen dem Wahren, Echten und dem Falschen zu unterscheiden, innerlich sowie äußerlich.

Zwischen Schein und Realität? Zwischen Traum und Wachen? So wird es ja von vielen Meistern beschrieben.

Ja. Zwischen dem eingebildeten Schein und dem Sein selbst. Zwischen Phantasie und Realität, zwischen Fälschung und Original. Die Erfahrungen des inneren Weges kehren konditionierte Lernerfahrungen des äußeren Weges um und sie ermöglichen Umkehr. Aus Umkehr wird Einkehr.
Das Verlernen all dessen, was du glaubtest zu wissen, was du glaubtest zu sein, legt inneres Wissen frei. Ein Wissen, das du nur scheinbar verloren hast – Wissen, das universell verfügbar ist, das von der Quelle trinkt. Wenn du in die Quelle fällst, siehst du klar auf den Grund der Dinge, ohne daß etwas zwischen dir und diesem Grund ist.

2
Das Beste aus Ost und West – der integrierte Weg

Es ist ein weiteres besonderes Kennzeichen dieser Schule, daß sich in Deiner Arbeit westliches Wissen der modernen Humanpsychologie und östliche Weisheitslehre verbinden...

Mein Körper ist im Westen geboren, in meinen Adern fließt westliches Blut. Ich bin durch eine westliche Schulung gegangen und habe westliche Lehrer gehabt. Eine Zeitlang studierte ich Psychologie und beschäftigte mich mit westlichen Heilweisen. Dann kam ich mit dem östlichen Strom spirituellen Wissens in Kontakt. Und es war dieser Strom, die indische Mystik, advaita, welche mir die Erkenntnis des SELBST bescherte. Deshalb bin ich ihr naturgemäß zutiefst verbunden. Ich verspüre eine tiefe Liebe zu der Figur des Buddha, welche dem indischen Kollektiv entspringt. Buddha ebenso wie Jesus Christus sind Repräsentanzen des Absoluten in menschlicher Form. Sie stehen für die vollkommene Verschmelzung des Göttlichen mit dem Menschsein, letztlich für das Unaussprechliche.

Nach all dem, was Du in den Jahren an Wissen aufgenommen hast – was war der Anlaß, eine Mysterienschule zu gründen?

Der Anlaß war für mich sicherlich die Einsicht in das wahre SEIN, die durch einen schweren Autounfall geschah, der mich in den Zustand des klinischen Todes versetzte. Diese Einsicht vertiefte sich dann im Zusammensein mit Gangaji, die als zeitgenössische Lehrerin der advaita-Tradition das ewige Wissen, die *ewige Philosophie* lehrt. Ich verbrachte auch einige Zeit mit ihrem Meister in Indien, Shri Poonjaji. Mit Gangajis Hilfe wurde aus einer Einsicht unumstößliche Erkenntnis: gelebtes advaita. Ich könnte es so ausdrücken:

Die Lehren dieser Mysterienschule sind in advaita eingebettet.

Was sind die Lehren der Mysterienschule, was steht auf dem Lehrplan?

Der Lehrplan bezieht sich einerseits sehr stark auf das komplexe System des Enneagramms und andererseits auf evolutionsphilosophisches und entwicklungspsychologisches Wissen. Ich nutze die Erkenntnisse der modernen humanistischen Psychologie, die ja ein präzises Forschungswissen über die Funktionsweisen des menschlichen Geistes – insbesondere das Unterbewußtsein – hervorgebracht hat, wie es im Osten unbekannt war.
Ich sehe jedoch gleichzeitig den menschlichen Geist als die Quelle jeglicher Illusion an, und insofern ist es nur folgerichtig, sich der Erforschung dieses Geistes noch näher zuzuwenden – mit allen Mitteln, die uns zur Verfügung stehen. Die reine advaita-Lehre jedoch ist das Herz der Schule, die Stille-Retreats sind ihr gewidmet. Sie deutet auf das stille Herz. Auf DAS.

Am Anfang war die Schule ja eine Art Enneagramm-Ausbildung und dauerte ein Jahr...

Nein, das war in der 2. Hälfte der 90er Jahre, da war die Schule noch nicht gegründet. Die Schule in der heutigen Form existiert erst seit 2002.

Heute, im Jahre 2007, dauert der Grundzyklus der Schule fünf Jahre.

Dieser Grundzyklus führt erst einmal durch die wesentlichen Themen und auch Knoten menschlichen Daseins hindurch, die ich genannt habe.
Im Laufe des Fortschreitens wird die Arbeit auf natürliche Weise immer mehr verfeinert. Dem Rohschliff folgt der Feinschliff. Im Grunde ist es eine nicht endende Vertiefung – Schüler berichten häufig, daß sie ein bestimmtes Thema in der Mysterienschule in seiner ganzen Dimension erst beim zweiten Mal wirklich erfaß-

ten. Eine Beobachtung, die ich häufig mache. Das Feld der Schule befindet sich seit Jahren in einem unglaublich starken energetischen Drall. Aspekte des Wissens, die noch vor wenigen Jahren nicht gelehrt werden konnten, können plötzlich vermittelt werden.

Ist die Schule nach diesen fünf Jahren abgeschlossen?

Nach dem Grundzyklus hat der Schüler keine Verpflichtungen mehr, zu bestimmten Treffen zu kommen. Er ist Mitglied des inneren Kreises und dieser hat eine offene Form.

Daß die Arbeit sich im Laufe der Zeit stark verändert, ist auch meine Erfahrung. Anfangs konnten Prozesse sehr lärmend und eruptiv ablaufen. Es war wichtig, daß unterdrückte Dinge zunächst einmal herauskommen durften.

Ja, man kann sagen, wir arbeiten erst mal mit dem Lärm, und das zunehmende Verständnis des Lärms, den wir innerlich produzieren, führt uns auf natürliche Weise zurück in eine sich vertiefende Stille. Je feiner die Antennen des Empfängers werden, desto feiner wird die Arbeit im Laufe der Schule, und letztlich geht es dann eben nur noch um eine reine Arbeit mit Aufmerksamkeit, um Meditation und innere Versenkung in die Stille.

Ich erinnere mich auch, daß ich mich sehr viel lieber mit dem Schönen, Wahren und Guten beschäftigt hätte als mit meinem inneren Lärm, den Schattenwelten des Ego.

Eine Schülerin sagte mir einmal: Ich will mich nicht mit dem Ego beschäftigen. Ich will nur die Wahrheit. Wer sagt das? Das Ego. Das Ego sagt, es will sich nicht mit dem Ego beschäftigen? Ein Scherz. Es ist nicht Aufgabe des Egos im Schüler, dem Lehrer vorzuschreiben, womit er die Schüler beschäftigt. Ein wahrer Lehrer weiß, wann und wie lange ein Schüler mit einem bestimmten Thema sein muß oder eine bestimmte Praktik braucht. Die Beschäftigung mit der Unwahrheit – mit dem Nicht-Selbst – ist ein notwendiger Schritt, um das SELBST zu erkennen und diese Erkenntnis zu verankern. Vor allem für westliche Menschen, die mit einem relativ komplizierten, analytisch ausgerichteten Geist identifiziert sind. Es gibt keinen Grund, sich mit den Ego-Strukturen länger zu beschäftigen als es notwendig ist, aber es führt auch kein Weg daran vorbei.

Du nanntest das Enneagramm als eine Art Hauptfach der Mysterienschule. Im Prinzip hat sich die Schule um die Kosmologie des Enneagramms herum entwickelt…

Nein, nicht als ein Hauptfach, sondern als Grundstruktur für die Wissensvermittlung. Ich habe die Lehren des Enneagramms Mitte der 80er Jahre von Eli Jaxon Bear vermittelt bekommen und habe es kennengelernt als ein Modell, das auf einfache und präzise Art Kräfte des Kosmos abbildet, ebenso wie die verborgenen Kräfte des menschlichen Geistes.
Bis heute dient das Enneagramm in der Mysterienschule als ein Modell, eine Orientierung, um den drei fundamentalen Kräften des denkenden Geistes zu begegnen, die für den Realitätsverlust des Menschen zuständig sind.
Grundsätzlich gibt es drei innere Bewegungen, durch die der denkende Geist sich von der Realität wegbewegt. Man kann das auch als Verlagerung der Aufmerksamkeit verstehen: Der Geist kann sich gegen die Realität stellen, er kann sich aus ihr zurückziehen, oder er kann in einer Scheinrealität leben. Das Ergebnis ist letztlich dasselbe. Die Ego-Struktur eines Menschen, seine falsche Identität, hat sich um einen dieser drei Knoten herum organisiert: Er lebt aus Zorn und Widerstand heraus, aus Angst oder aus falscher Sehnsucht und unerfüllter Liebe. Ausgehend von diesem Verständnis des Enneagramms ist eine sehr differenzierte und feine Arbeit möglich, die, ähnlich archäologischer Forschung, tiefere, ursprünglichere Schichten des Geistes freilegt.

Du bedienst Dich in Deiner Arbeit weiterer verschiedenster Elemente und Techniken westlicher und östlicher Religionen. Ich habe schon Sufi-Dhikr mit Dir geübt, ich höre jeden Morgen ein Zitat christlicher Mystiker, es gibt schamanische Heilarbeit, buddhistische Meditationen und Arbeit mit den Chakren. Es ist ein sehr offenes Feld.

Bevor ich auf die reine Mystik in Indien stieß, hatte ich einen nordafrikanischen Sufi, der auch schamanischer Heiler war, als Lehrer. Und die christliche Mystik nimmt ihren natürlichen Raum in der Lehre ein; alle westlichen Menschen sind schließlich Christen. Freiwillig oder unfreiwillig.
Die Mysterienschule hat jedoch grundsätzlich keinerlei konfessionelle Voraussetzungen. Sie verfolgt einen mystischen Weg, der im Gegensatz zu Lehren der exoterischen (äußeren) Religionen im Kern ausschließlich an der unmittelbaren Begegnung mit dem Göttlichen im Innen interessiert ist und an einer Minimierung jeglichen Konzeptwissens. Jedes konzeptionelle Wissen und auch solche Elemente, wie du sie genannt hast, können vorübergehend als Gehhilfe auf dem Weg dienen. Wenn man weiß, wann man die Krücke wegwerfen muß, wird sie auch nicht zu einem Gehhindernis. Zu einem Gehhindernis wird sie erst dann, wenn man sich an ihr festhält.

Du wirst manchmal von Menschen kritisiert, die mit advaita in Indien in Kontakt gekommen sind, und die nun meinen, advaita ließe sich aber keineswegs mit Konzepten vereinbaren, vor allem nicht mit dem westlichen Konzept Innerer Arbeit.

Ein sehr naives Konzept, zu dem ich schon des öfteren Stellung bezogen habe, z.B. in dem Text „Nur ein Prinz kann erwachen“ (advaita Journal Vol. 5). Die Widersprüche und angeblichen Unvereinbarkeiten deuten auf Unkenntnis des paradoxen Weges. Unvereinbar sind sie nämlich nur auf der begrenzten Bewußtseinsebene desjenigen, der das denkt.
Innere Arbeit ist auch kein westliches Konzept, spirituelle Praxis und Übung wird im Osten nur anders genannt. Selbst in der Zentradition herrschte ein gewisser Streit zwischen der Soto- und der

Rinzai-Schule, wo es genau darum ging: die scheinbare Unvereinbarkeit von allmählicher und plötzlicher Erleuchtung. Aus meiner Sicht haben beide Ansätze entsprechend einen Erfahrungsweg, doch sie deuten jeweils nur auf die eine Hälfte des paradoxen Geschehens, das Mysterium des weglosen Weges. Ich arbeite mit Konzepten, um bereits bestehende Konzepte herauszufordern und zu spiegeln, solange, bis alle Konzepte von allein wegfallen können.

Es gibt auch viele zeitgenössische Satsang-Lehrer, die diese kritische Ansicht vertreten.

Unter diesen „Satsang-Lehrern“ habe ich wenig Satsang angetroffen. Die sogenannte Satsang-Bewegung in den 90er Jahren war sicherlich wesentlich, weil sie eine Art Gegenbewegung zu den endlosen therapeutischen Selbstverbesserungsversuchen der New Age Bewegung darstellte, die seit Ende der 60er Jahre von Kalifornien aus die westliche Welt erobert hatte. Positivität ist ein wichtiges Merkmal dieser Subkultur. Dahinter steckte eine gute Absicht, aber auch ein begrenztes Verständnis.
Gleichzeitig hat die allgemeine Satsang-Bewegung die Seinslehre verwässert und viele neue Mißverständnisse über ihre Bedeutung hervorgebracht - über die bereits existierende Vollkommenheit deiner selbst, die dann scheinbar jeden Werdeprozeß und jedes Lernen überflüssig macht.
So gibt es immer wieder große Verwirrung und Streit. Um beiden Seiten zu begegnen und Schülern die *Große Hochzeit* zu lehren, gibt es in meinen Augen nur die Möglichkeit, eine paradoxe Lehre weiterzugeben, die weder der einen noch der anderen Seite folgt, sondern diese beiden scheinbar vollkommen widersprüchlichen und sich ausschließenden Lehrformen vereinigt.

Wie können diese Lehrformen sich vereinigen – wie kann die Weisheit des Ostens sich mit dem Wissen des Westens vermählen?

Ich möchte es einmal so ausdrücken: Innere Arbeit ist die Praxis auf dem Weg, der einen Werdeprozeß beschreibt. Einen Prozeß der Entfaltung. Advaita hingegen deutet auf das Jetzt. Das ewige JETZT. Auf das, was schon immer IST. Das Jetzt ist weglos. Ist Wahrheit nun auf dem Weg oder in der Weglosigkeit zu finden? Umfassend kann die Annäherung nur durch die *paradoxe Lehre* geschehen: Die Lehre des weglosen Weges.

3
Erleuchtung und erleuchtetes Leben

Vor Deinem Unfall hast Du als Therapeut gearbeitet. Nach dem Unfall und dem dadurch ausgelösten Erwachen gab es eine Phase, in der es auch Dir selbst so schien, als ob Therapie völlig überflüssig sei.

Als ich 1991 aus Indien zurückkehrte und die Klienten kamen, um mir ihre Leidensgeschichten zu erzählen, war in mir zunächst ein totales Unverständnis, eine mangelnde Resonanz mit der Welt eines „normalen" Menschen. Es war so, als würde ich diesen „normalen" Menschen innerlich schulterzuckend gegenübersitzen und nicht mehr wissen, was zu tun war. Denn vom Absoluten aus betrachtet, ist tatsächlich nichts zu tun. Alles ist vollkommen. Und Illusionen müssen nicht verändert werden.
Ich las später Berichte von Meistern, die Ähnliches erlebt hatten: Sie beschrieben zwei Phasen nach der Realisation. In der ersten Phase gab es eine totale Verschmelzung mit dem Absoluten – und gleichzeitig eine mangelnde Resonanz mit dem Relativen, mit der gesamten Erscheinungswelt. Menschliches Leben scheint in dieser Dimension gar keine Rolle mehr zu spielen. Das ist – natürlich besonders hier im Westen – eine Aufmerksamkeitshaltung, die scheinbar unendlich weit entfernt ist von der gewohnten Lebenserfahrung eines Menschen, der alles aus den Augen eines Ichs betrachtet und in seiner persönlichen Welt verhaftet ist.
In dieser absoluten Dimension erlebte ich mich eine ganze Zeitlang. Dann, nach einer gewissen Zeit, in der zweiten Phase, kehrte die Welt langsam zurück.

Ein berühmter Ausspruch sagt sinngemäß: Am Anfang meines Weges waren die Bäume noch Bäume, die Flüsse noch Flüsse, die Berge noch Berge.. Dann waren die Bäume keine Bäume mehr, die Flüsse keine Flüsse....

Nach der Befreiung wurden die Bäume wieder Bäume, die Berge wieder Berge… werden auch die Menschen wieder Menschen?

Heute würde ich den Prozeß in 3 Phasen folgendermaßen ausdrücken:

1. Phase: Die Welt ist die Welt.
2. Phase: Die Welt ist nicht mehr.
3. Phase: Die Welt ist wieder die Welt *und* sie ist nicht mehr die Welt.

Die Leere der Welt füllt sich wieder?

Natürlich ist nichts mehr, wie es vorher war, aber die erneute Integration der relativen Welt, die nicht mehr getrennt ist vom Absoluten, macht auch Innere Arbeit und menschliche Werdeprozesse wieder möglich und sinnvoll.

Die Innere Arbeit steht dann nicht mehr im Dienste eines Ich, der Persönlichkeit, des Individuums, wie generell die Psychotherapie, sondern im Dienste des Absoluten…

Ich habe eigentlich nichts gegen den Begriff „Therapie", der einfach von griechisch *therapeia* „Dienst, Dienen, Pflege" abstammt; nur bezeichnet dieser Begriff normalerweise eine Form der Inneren Arbeit auf bestimmten peripheren Ebenen des denkenden Geistes, die mit Spiritualität noch rein gar nichts zu tun haben. Therapie dient gemeinhin immer dem Ich und seiner Stärkung. Mindestens 95 Prozent der Menschen, die auf dem Weg von „Selbstfindung", oder „Selbstheilung" sind, wollen Ich-Stärkung, nicht Transformation. Sie wollen einfach nur, daß es „mir besser geht" und „ich diese lästigen Ängste los bin."
Transformation jedoch bedeutet Tod. Eine Innere Arbeit, die in Symbiose mit der advaita-Lehre steht, kann nur an der Transformation und Entleerung des Ichs interessiert sein und nicht an Veränderungen

– sprich: Verbesserungen innerhalb des Ichs. Das ist der Unterschied zwischen Therapie und der Arbeit in einer Mysterienschule.

Gebrauchst Du in der Inneren Arbeit andere Techniken als in der Therapie?

Es sind nicht Techniken, die den Unterschied ausmachen. Es gibt einige, die glauben an „transpersonale Techniken". Eine Technik kann aber nicht per se transpersonal sein. Eine Technik ohne einen Anwender ist gar nichts. Sie ist tot. Und ein Lehrer kann nur innerhalb von Zuständen arbeiten, die ihm bekannt sind. Wenn ein Lehrer personal ist, wird auch seine Arbeit personal bleiben, egal welche Techniken er anwendet. Wenn ein Lehrer transpersonal ist, wird auch sein Wirken transpersonal sein, egal welche Techniken er anwendet. Techniken sind zweitrangig.

Ich sage zu Schülern: „Es ist gleichgültig, was wir hier machen. Wir können auch Tee miteinander trinken." Es spielt letztlich auch keine Rolle, zu welchem Thema wir uns treffen, selbst wenn Schüler das zunächst für das Wesentliche halten.

Entscheidend ist vielmehr: „Was auch immer wir hier tun - lerne, es zu 100 Prozent zu tun. Nicht mehr und nicht weniger."

Kann ich die Mysterienschule als einen Ort der transpersonalen Lehre bezeichnen? Eine Schule des Erwachens?

Im Zen wird dieses plötzliche Erwachen Satori genannt, was nichts weiter heißt als „erkennen". Trotzdem braucht dieses absolute Erkennen seine Zeit, um sich in der Welt niederzuschlagen. Das Wissen ist durch die Realisation zwar zugänglich, aber dennoch unterliegt seine Entfaltung den Gesetzen der Zeit, so wie alles, was in Erscheinung tritt.

Ich könnte es mit folgendem Bild beschreiben: Die Knospe enthält alles, doch die Entfaltung der Blüte braucht Zeit.

In meinem Prozeß gab es eine zunehmende Auffächerung des Verstehens, eine zunehmende Beschäftigung mit einzelnen Facet-

ten des Wissens, das Puzzle wurde immer vollständiger. Tatsächlich wird es vollständiger werden bis an das Lebensende dieses Organismus. Die Vervollständigung des Vollständigen hört nicht auf. In der Mysterienschule wird dann dieses Puzzle Stück für Stück ausgelegt.
Die reine advaita-Lehre allein ist für das Gros der westlichen Suchenden nicht ausreichend, denn sie beinhaltet weder eine Lehre über den denkenden Geist noch über Entfaltungsprozesse der KRAFT. In gewisser Weise ist sie zu *ein*-fach.

Advaita ist in einem Kollektiv aufgetreten, in dem seit Tausenden von Jahren die Einheit von Relativem und Absoluten, von Geschöpf und Schöpfer selbstverständlich ist, ebenso wie das Erwachen des Menschen im Grunde jedem möglich ist und auch angestrebt wird.
In der Idee vom Sündenfall hat sich der denkende Geist gegen Gott erhoben und muß bestraft werden. In der christlichen Lehre gibt es folgerichtig kein Erwachen in diesem Leben, sondern Gott weckt die Seele nach dem Tode auf.

Die christlich-exoterische Religion kennt tatsächlich kein Erwachen, keinen „Himmel auf Erden". Die christliche Mystik schon. Und advaita ist eben auch keine Religion, keine Konzeptlehre, sondern ein direkter Erfahrungsweg – ein mystischer Weg. Ramana Maharshi hat in dem Augenblick, als die Todesfurcht ihn überkam, diesen ganz direkten Weg beschritten mit der *wesen*tlichsten aller Fragen: „Wer bin ich?" Die einzige Frage, die direkt auf das *Wesen* deutet.

Er brauchte keinen weiteren Prozeß, keinen Lehrer, keine Mysterienschule.

So ein Fall, in dem ein Mensch in einer einzigen Situation der Selbsterforschung ohne vorherige geistige Schulung den Grund allen Lebens realisiert, das ist einer unter 100 Millionen. Wenn überhaupt. 99,999 Prozent der Menschen, die einen inneren Weg beschreiten, müssen sich diese Frage nicht nur einmal, sondern immer wieder stellen, um durch die Schichten von Illusionen, die in ihnen wirken, tiefer und tiefer hindurchzuschmelzen. Und sie müssen auf diese Frage überhaupt erst vorbereitet werden.

Vor einigen Jahren wurdest Du gefragt, worum es in Deinen Augen geht im menschlichen Leben. Du hast geantwortet: Es geht darum aufzuwachen.

Aus der heutigen Sicht wäre das nicht mehr meine alleinige Antwort. Jetzt würde ich sagen: Es geht darum aufzuwachen *und* der Entwicklung des höchsten Potentials des Menschseins zu dienen. Das Menschsein auf einem Entwicklungsweg strebt in sein höchstes verfügbares Potential - dem möchte die Mysterienschule dienen. Der Erleuchtungszustand ist eigentlich nur der optimale Zustand, in dem das möglich ist. Weil es niemanden mehr gibt, der sich gegen Weiterentwicklung, Lernen und Wandel stellen könnte. Erleuchtung ist auch nicht das Ende der Lehre und des Lernens. Erleuchtung ist das Ende und gleichzeitig erst der Anfang.

4
Transformation des Leidens

Du sprichst oft von einer inneren Transformation in der Mysterienschule. Was soll transformiert werden? Und was ist der Antrieb für einen Menschen, einen solchen Weg zu beschreiten?

Jeder Mensch steht in seinem Leben vor der doppelten Aufgabe der Menschwerdung und der Gotteserkenntnis. Auf dem inneren Weg erleben die Menschen nach der körperlichen Geburt eine *zweite Inkarnation.* Die zweite Inkarnation ist die Möglichkeit zur ganzheitlichen Menschwerdung im Lichte des vollständigen Bewußtseins, welches nach der körperlichen Geburt nicht vorhanden war.
Der eigentliche Antrieb eines Menschen, eine solche „Wiedergeburt" zu suchen und einen inneren Weg zu beschreiten, ist die Leidensbewußtheit. Und es ist das Leiden, das auf dem inneren Weg transformiert wird.

Manche Schüler berichten allerdings, daß sie durch die Teilnahme an der Mysterienschule zunächst den Eindruck hatten, mehr zu leiden als vorher. Muß man sich auf eine „dunkle Nacht der Seele" einstellen?

Die klassische Homöopathie zeigt uns als eine Wissenschaft bestimmte Gesetzmäßigkeiten des Heilungsweges auf, die nicht nur körperlich Geltung besitzen, sondern auch geistig. Und tatsächlich kann man eine Art „Erstverschlimmerung" auf dem inneren Weg feststellen. Im Grunde ist das ein Zustand, in dem ein chronisches unbewußtes Leiden in einen akuten bewußten Zustand übergeleitet wird. Die Erstverschlimmerung ist natürlich subjektiv, weil das Leiden auch zuvor schon da war, doch es blieb ausgeblendet, überlagert und somit dumpf. Eigentlich handelt es sich bei der zunächst zunehmenden Leidensbewußtheit auch nicht um eine

Verschlimmerung, sondern um den ersten Heilsschritt. Der auftretende Schmerz während eines Lösungsprozesses ist ein Heilungsschmerz, der nicht leidvoll ist.

Durch die Arbeit in der Mysterienschule kam auch in mir so etwas wie eingefrorener Schmerz ins Fließen. Härte und Verhärtung wurden sehr bewußt. Sicher war das unangenehm, und doch kann ich fühlen, daß im Schmerz, den ich immer vermeiden wollte, eine lebendige Qualität liegt, während in der Verhärtung des Herzens, im Nicht-Fühlen etwas Totes ist.

Ich denke, diese Symbolik, einen Weg vom Toten ins Lebendige zu gehen, entspricht durchaus meinen Ausführungen zu einer bewußten zweiten Inkarnation.
Ich gehe davon aus, daß in der ersten Inkarnation die Entwicklungsprozesse nicht in eine vollständige Lebendigkeit geführt haben, sondern vielmehr innerlich Totes hinterlassen haben. Kleine oder große Traumata hinterlassen „tote Energie". Es ist nur folgerichtig, diese Entwicklungsprozesse auf eine andere Art erneut zu durchlaufen oder nachzuholen, um so das umfassende Potential des lebendigen Menschseins zu erreichen. Das ist der humanistische Weg.

Viele sagen, es sei in der Natur des Menschen angelegt, daß wir dieses Potential entfalten, auch ohne Lehrer, ohne Schule.

Ja, es ist sicherlich so angelegt, doch wenn wir die Evolution des Menschen betrachten, dann stellen wir fest, daß so einiges „schiefgegangen" ist. Bei der menschlichen Entwicklung entsteht ein Geist, und der ist von zwiespältiger Natur. Er ist zugleich Mitspieler und Gegenspieler des Menschseins und der Erkenntnis von Wahrheit: Du erlangst durch ihn einerseits die Fähigkeit, den Erkenntnisweg zu gehen, andererseits geschieht in dir eine Aufspaltung des Bewußtseins in die Ich-Identität und den Rest der Welt. Bei jedem Entwicklungsschritt läßt der Mensch Teile seiner selbst zurück, spaltet sie ab. Diese Teile sind in die Fortentwicklung nicht integriert. Die Trennung wird tiefer.

Mit anderen Worten: Der Körper wird erwachsen, der Geist agiert zum Teil jedoch kindlich und zurückgeblieben.
So kann man – paradoxerweise – die Evolution des Menschen, seine Weiterentwicklung, gleichzeitig als einen Selbstschrumpfungsprozeß bezeichnen – aus der Einheit der Quelle heraus durch die allgemeine Erziehung und Konditionierung über viele begrenzte individuelle und kollektive Lehrer, bis am Ende nur noch ein ganz kleiner Teil übrigbleibt. Das nennen wir Ich. Ein Krümel des Seins.
Das Leiden der Menschheit besteht im Kern in dieser unfaßbaren Selbstbegrenzung auf das Ich, von dem fraglich ist, ob es überhaupt real existiert.

Sigmund Freud ist im Grunde zu einer ähnlichen Schlußfolgerung gekommen. Das Ich ist auch in seiner Theorie das Ergebnis einer Selbstbeschränkung. Der Versuch, zwischen den Kräften des Unbewußten und den Forderungen des Über-Ichs zu vermitteln.

Freud war jedoch Atheist. Von transpersonalen Zuständen wußte er folglich nichts. Ich gehe einen Schritt weiter. Für mich besteht das wirkliche Leiden darin, daß der Mensch das Bewußtsein seines unsterblichen SELBST verliert, was nichts anderes heißt, als das All-Bewußtsein zu verlieren, und sich auf ein Staubkorn des Universums zu beschränken, das der Mensch dann Ich nennt.

Gibt es eine kontinuierliche Schrittfolge der Menschheit zurück in das All-Bewußtsein? So wie Hegel den Aufstieg des Menschen als ein Zu-sich-selbst-Kommen des Weltgeistes beschrieben hat? So würde ich doch die Welt gern sehen, als eine Welt, mit der es bergauf geht, und an deren Ende Utopia verwirklicht ist …

Es gibt Idealisten, die zukunftsorientiert sind, und es gibt Romantiker, die vergangenheitsorientiert sind. Die Romantiker hegen grundsätzlich die Vorstellung, es hätte einst in ferner Vergangenheit einen Ort des Wissens gegeben: Atlantis oder das Paradies oder

Shangri-La, oder einfach den Mutterleib. Diese Orte sind angeblich im Meer versunken, der Zutritt ist verboten, sie wurden zerstört, oder sie befinden sich auf einem anderen Planeten. In jedem Fall sind sie unerreichbar. Die Idealisten andererseits tragen einen Zukunftstraum in sich, daß nämlich die ganze Menschheit kollektiv ins Licht strebt, in die Erleuchtung, getragen von Engeln. Beides sind Phantasien, die eine einheitliche Richtung annehmen. Die Menschheit strebt genauso wenig kollektiv in die Erleuchtung, wie sie kollektiv aus der Erleuchtung kommt. Diese Vorstellungen sind zu eindimensional.

Die Menschheit hat sich nie allgemein in eine einzige Richtung bewegt. Es gibt zu jedem Zeitpunkt der Menschheit alle Entwicklungsstufen gleichzeitig. Selbst ein und derselbe Mensch kann sich in verschiedenen Phasen entwickeln, oder zurück-entwickeln. Sicherlich kann es Kollektive geben, die sich vergleichsweise schnell weiterentwickeln, während andere Kulturen in ihrer Entwicklung stagnieren oder sich sogar zurückentwickeln. Alle diese Bewegungen sind jedoch zugleich möglich.

In eine Mysterienschule kommen allerdings nicht Menschen, die an Stagnation oder Rückentwicklung interessiert sind, sondern Menschen, die an einer Entwicklung menschlichen Potentials, menschlicher Intelligenz des Herzens, und somit einer Erhöhung der Evolution interessiert sind.

5
Die Mysterienschule als Geheimschule

Wenn ich Deinen letzten Gedanken fortsetze, bedeutet es, daß es der Erhöhung der Evolution dient, wenn alle Menschen in eine Mysterienschule gehen. Oder ich kann sagen: Ich gehe in eine Schule, die die Evolution erhöht – das klingt elitär.

Es ist ja auch elitär. „Elitär" ist doch kein Schimpfwort. Im Gegenteil. Eine Mysterienschule war und ist nicht für die Masse der Menschen geeignet. Und das liegt nicht daran, daß die Mysterienschule Menschen zurückweisen würde, die händeringend um Aufnahme bitten. Es ist das Ergebnis einer Selbstauslese, die einfach dadurch geschieht, daß das Gros der Menschen nicht an einem inneren Weg und an der Ergründung der damit verbundenen Gesetzmäßigkeiten interessiert ist.
Insofern muß man den Begriff „elitär" von seinem moralischen Geschmack befreien und als natürliche Auslese verstehen.
Sicherlich ist die Aufnahme und Verarbeitung der energetischen Prozesse der Mysterienschule anspruchsvoll und nur wenigen Menschen vorbehalten. Wenn ein Mensch aber eine Leidenschaft für die innere Freiheit in sich trägt, wird er nie zurückgewiesen werden.

Es scheint nicht einfach zu sein, das Elitäre von seinem moralischen Aspekt zu befreien. Immer wieder wird mißtrauisch kritisiert, daß die Mysterienschule eine Geheimschule sei.

„Geheim" ist ein Begriff, der dem Mittelalter und der zugehörigen kollektiv-abergläubischen Geisteshaltung zugeordnet wird. Geschichtlich taucht er nach der Aufklärung gar nicht mehr auf, weil die Aufklärung von sich behauptet, sie hätte alles aufgeklärt - Wissenschaftler wie Stephen Hawking stehen für die Idee, daß es nur eines aufgeklärten Geistes bedarf, um ALLES zu erklären. Für die Wissenschaft ist es nur noch eine Frage der Zeit, bis sie ALLES verstanden hat. Offiziell gibt es also heute weder Geheimwissenschaften, noch Geheimnisse, auch, weil die postmoderne Gesellschaft jede Information abertausendfach ins Internet hinauswirft und durch die Medien verteilt. Dort wird sie immer wieder durchgekaut und schließlich wieder ausgespuckt (ohne daß freilich der Gehalt des Geheimen preisgegeben wurde). Bald wird es möglich sein, mit google-earth in jedes Wohnzimmer auf der ganzen Welt zu schauen – aber wissen wir dann, wer die Personen wirklich sind, die da auf der Couch sitzen...?

Nun, es gibt immerhin Geheimdienste und Geheimbünde - damit kann ich immer einen bösen Verdacht verbinden...

Das Geheime ist einfach nur eine große Projektionsfläche für Phantasien, die jeder denkende Geist hervorbringt. Wenn es einen Ort gibt, in den er nicht Einblick haben kann, dann kann er diesen Ort nicht leer und rein lassen, sondern er fühlt sich zwanghaft aufgerufen, ihn mit seinem geistigen Schmutz zu bewerfen, das heißt, mit seinen beschränkten Vorstellungen, seinen Urteilen, seiner Unwissenheit - und diese Unwissenheit als zementierten realen Standpunkt zu vertreten.
Tatsache ist, daß „geheim" zunächst einmal nichts anderes bezeichnet als einen Ort, über den ich nichts weiß, über den ich aber etwas wissen kann, wenn ich daran wirklich interessiert bin. Dann wird das Ge-heime zum Heim, zum inneren Zuhause.

Warum gibt es das Schweigegelübde in der Mysterienschule?

Jeder Arzt hat eine Schweigepflicht gegenüber seinem Patienten.

Das bedeutet, die Geheimhaltung dient meinem Schutz, weil innerhalb der Gruppe Dinge gesagt und getan werden, von denen ich nicht möchte, daß sie nach außen dringen? Das entmystifiziert den ganzen Vorgang natürlich.

Das ist ein wichtiger Aspekt. Ein weiterer Grund für die Geheimhaltung ist der Schutz gegenüber zukünftigen Schülern. Es ist wichtig, Themen der Mysterienschule frisch und unschuldig zu erforschen und nicht schon vorher den Geist mit Phantasien zu beschäftigen, die dann den ureigenen Prozeß verfälschen und behindern können. Die konkrete Geheimhaltung in der Mysterienschule dient im Grunde nur einer fokussierten Kommunikation. Sie dient dazu, geistige Energien in entsprechenden Kanälen zu halten und die Kommunikation davor zu bewahren, verschmutzt, verwässert und zerstreut zu werden.

Die Mysterienschule ist also ein offenes Geheimnis?

Ja, ein offenes Geheimnis, ein Paradoxon. Das gesamte Geheimwissen, das Wissen um das SELBST ist ein offenes Geheimnis. Die Menschen, die daran nicht interessiert sind, die gar nicht auf dem inneren Weg sind, könnten hundertmal von der Existenz einer Mysterienschule hören, sie hätten keinerlei Resonanz dazu. Ebenso kannst du einen mystischen Text in einem Massenmedium veröffentlichen, er ist und bleibt geheim, selbst wenn die Masse ihn liest. Der Leser kann nur das aufnehmen, was innerhalb seines Horizontes liegt. Deshalb ist in Wirklichkeit das tiefste Wissen immer geheim geblieben, wenigen zugänglich.
Mysterienschulen sind Innere Schulen, und Innere Schulen können die vielfältigsten Formen haben. Sie sind das Herz der Religionen, und sie sind unter anderem auch deswegen so schwer auffindbar, weil sie sich in der äußeren Welt nicht genau definieren lassen. Weil sie innerlich sind, arbeiten sie stets in einer gewissen Form von Unsichtbarkeit und treten deshalb nicht zwangsläufig als eine festzumachende äußere Gemeinschaft auf.

Dennoch hast Du ja ein Interesse daran, gerade jetzt Informationen über diese Mysterienschule zu veröffentlichen.

Sicherlich bin ich interessiert daran, interessierten Menschen eine Tür zu weisen. Die Flamme im Herzen hat den natürlichen Wunsch zu brennen und weitergegeben zu werden.

Hat eine junge Mysterienschule wie diese einen größeren Freiraum, weil sie nicht durch Formen oder Traditionen eingeengt wird?

Eine junge Schule wie unsere findet ihre eigenen Formen, die nicht so streng und hölzern sind, wie in traditionellen Geheimbünden, Orden oder Inneren Schulen. Andererseits bieten tradierte Formen auch gewisse Vorteile was die Autorität der Lehre und der Lehrer betrifft, die diese Lehre hinter sich wissen. Die Tradition einer geistigen Schule ist beides, Ballast und gewachsenes Wissen, auf dem man aufbauen kann.

6

Das Schüler-Lehrer Verhältnis

Du sagst, tradierte Formen hätten gewisse Vorteile, was die Autorität des Lehrers angeht. So wird einem Universitätsprofessor, einem Arzt, einem Bischof Autorität automatisch zuerkannt. Du hingegen erfährst in Deiner Rolle als spiritueller Lehrer viel Mißtrauen und Widerstand. Woran liegt das?

Das würde ich so allgemein nicht bestätigen. *Jede* Autorität ist besonders in unserer Gesellschaft potentiell auch Mißtrauen ausgesetzt. Es fällt den Menschen generell schwer, zwischen Scheinautorität und wahrer Autorität, die aus dem SELBST wirkt, zu unterscheiden. Das Autoritätsthema ist ein weitverbreitetes Konfliktthema im westlichen Geist, besonders im deutschen. Dem Ich-Geist geht es doch immer auch um Macht. Der veräußerlichte Geist des normalen Menschen hat die naive Vorstellung, wenn er nur selbst auf dem Thron säße, wäre das Leiden vorüber.
Jedes Ich, also zunächst auch das Ich des Schülers, beansprucht heimlich den Thron. Solange es den Thron besetzen will, ist es nicht bereit, sich einer höheren Autorität unterzuordnen. So haben moderne Abendländer, denen nichts anderes gelehrt worden ist als der sogenannte „freie Wille“, allgemein große Schwierigkeiten, sich zu beugen. Der „freie Wille“ ist die höchste Autorität und wird als innen erlebt.
Ein Lehrer mag dem Ich in einer Machtposition erscheinen, selbst wenn der wahre Lehrer keinen inneren Anspruch darauf hat. Dennoch wird er zunächst als eine äußere Person gesehen, ein Mensch, dem vielleicht eine gewisse Weisheit zugebilligt wird, der aber eben ein „Anderer“ bleibt und somit außerhalb des Wahrnehmenden. Ich fordere den Schüler heraus mit der Frage: Was wäre, wenn es genau umgekehrt wäre?

Du meinst, daß der sogenannte „freie Wille" in Wirklichkeit eine äußere Autorität sein könnte?

Genau. Und die Person des Lehrers eine innere. Eine vollständige Umkehrung der gewohnten Sicht.

Und wer ist dieser „Andere", den die Menschen im Lehrer sehen?

Es ist niemand anders, als eine Version ihres Vater- oder Mutterbildes. Je nachdem, in welcher Form der Lehrer auftritt. Und mit der Beziehung zu den Eltern, die ja bekanntlich erstens nie vollkommen liebevoll waren, und zweitens immer anders, als das Ich des Kindes es wollte, fängt die gestörte Autoritätsbeziehung ja an.
Die Verwechslung des Lehrers mit dem Vater- oder Mutterbild liegt in der Natur der Sache, es ist eine Projektion, eine Spiegelung des Schülers in seinem eigenen Geist. Sie gehört zum Entwicklungsprozeß, allerdings darf es dabei nicht bleiben.
Der Weg der Menschwerdung ist ein Weg des Erwachsenwerdens. Dafür muß eine kindliche Sicht aufgegeben werden. Der Erwachsene nimmt einen Zustand aufrechter menschlicher Würde ein, dieser Zustand transformiert sich und löst sich auf in den Zustand göttlichen Menschseins.

Es gibt im ersten Korintherbrief eine Stelle, wo es heißt: „Als ich ein Kind war, da redete ich wie ein Kind, dachte und urteilte wie ein Kind. Als ich aber ein Mann wurde, tat ich ab, was kindlich war. So sehen wir jetzt nur undeutlich. Dann aber von Angesicht zu Angesicht." Ist es nur einem Erwachsenen möglich, Gott von Angesicht zu Angesicht zu schauen?

Eine Mysterienschule ist eine Schule für Erwachsene. Eine Universität der Seele. Nur erwachsenes Menschsein hat das Potential, sich in göttliches Menschsein zu transformieren. Und Gotteserkenntnis ist die Frucht eines vollständig entwickelten Potentials menschlicher Existenz. Ein Kind, in dem die geistige Frucht nicht gereift ist, hat partielle Fähigkeiten zur Gotteserinnerung, aber nicht das volle Potential zur Gotteserkenntnis.

Der Lehrer zeigt den Weg, den er selbst gegangen ist. Er ist wie eine Tür, doch ich muß sie selbst öffnen und allein hindurchgehen...

Hier kann das Prinzip der Spiegelung auch positiv sein. Wenn der Lehrer selbst in einem transformierten Zustand lebt, dann wird dieser Zustand gespiegelt, zurückgespiegelt nach innen ins Auge des Betrachtenden. So gibt es verbale und nonverbale Lehren. Wenn eine Lehre umfassend ist, dann vermittelt sie sich auf allen Ebenen, von der Niedrigsten bis zur Höchsten.

Was spiegelt ein transformierter Mensch?

Einerseits mit dem absoluten SEIN verschmolzen zu sein, und andererseits alle Ebenen des menschlichen Daseins in diesem Zustand zu integrieren. Es ist beispielsweise ein Zeichen von Desintegration, wenn von den 17.000 Geistlichen in Deutschland, die offiziell im Zölibat leben, nach Aussage des Buches „Gottes heimliche Kinder" ungefähr die Hälfte sexuelle Beziehungen unterhalten, aus denen einige tausend Kinder hervorgegangen sind, für welche die katholische Kirche dann finanziell auch noch aufkommt. Selbst Päpste haben schon Kinder gezeugt. Die Geschichte der Kirche war nie frei von Heuchelei und die ist ein klassisches Zeichen für Desintegration. Es kann nicht sein, daß gelebte Weisheit bestimmte Daseinsebenen ausschließt.

Ich denke, das kommt daher, daß wir einen Erleuchteten mit dem christlichen Heiligen gleichsetzen. Und Heilige rauchen eben nicht, sie essen kein Fleisch, sie haben keinen Sex...

Das sind keine Regeln für Heilige. Das sind vorübergehende Regeln für Suchende. Oder für Scheinheilige. Letztlich gibt es auf dem integrierten heiligen Weg oder dem integrierten Weg der Heiligkeit keine Regeln mehr. Das schließt aber nicht aus, daß es in bestimmten Phasen des Weges für Schüler strenge Regeln geben kann oder muß. Ein Meister lehrt jedoch keine allgemeingültigen Regeln, die von allen Adepten jederzeit eingehalten werden müssen. Vielmehr schaut er, was der Einzelne in diesem Moment braucht. Das kann morgen schon wieder etwas anderes sein. Wenn ein Lehrer für alle seine Schüler beispielsweise jederzeit den Genuß von Fleisch verbietet, dann ist das ein verdächtiges Zeichen

7
Voraussetzungen der Mysterienschule

Braucht es bestimmte Voraussetzungen um in diese Mysterienschule einzutreten?

Der Lehrer wünscht sich Schüler, die Leidenschaft für die Wahrheit und die Liebe im Herzen tragen und bereit sind, dafür zu gehen. Die mehr als Neugierde für die innere Wissenschaft aufbringen. Die Leidenschaft für die Freiheit vom Leiden in sich tragen. Die Interesse für die Erkenntnis der wahren Natur ihrer Selbst haben. Die bereit sind, vom SELBST zu lernen und ihrem Herzen zu folgen. Die bis zum Ende gehen. Bis auf den Grund. Um vielleicht dann die Grundlosigkeit zu erkennen. Es braucht viele Jahre, um Schülern diese Vision nahe zu bringen.

Ist das Leben selbst nicht eine Schule des Mysteriums?

Ja. Und die Mysterienschule ist so etwas wie eine immense Verdichtung der Lehre des Lebens. Acht Tage Mysterienschule können acht Jahren alltäglichen Lebens entsprechen...

Die Mysterienschule ist nicht öffentlich ausgeschrieben wie ein Seminar an der Universität. Wie finden die Schüler zur Schule?

Die Erfahrung zeigt, daß fast alle Schüler eine Vielzahl von weniger verbindlichen und auch weniger radikalen Praktiken des spirituellen Weges bereits hinter sich gebracht haben, wenn sie in die Mysterienschule kommen. Sie verspüren einen tiefen Wunsch, das Feuer, welches auf dem inneren Weg leuchtet, zu schüren. Irgendwann sind sie einfach bereit für eine Arbeit, die eben nicht den Anspruch hat, kleine Auszüge zu präsentieren, sondern das Gesamtpuzzle zusammenzusetzen. Das Mosaik. Das Mandala des Wissens über den Menschen in Gott.

Ich kann nicht sagen, daß mir das beim Eintritt in die Mysterienschule so bewußt gewesen wäre. Ich hatte Ahnungen, aber kein Bewußtsein von Gott. Ich hatte Angst und ich fühlte mich zugleich stark angezogen von der inneren Freiheit und Klarheit, die aus Dir sprechen.

Ja, und du bist dieser Anziehung einfach gefolgt, ohne zu denken. Kaum ein Schüler, der in die Mysterienschule kommt, erfüllt von vornherein alle Voraussetzungen. Die Suche der meisten Menschen ist erst einmal durch Unwissenheit verfälscht, zerstreut. Die meisten Schüler erleben deshalb auch alle möglichen Enttäuschungen auf diesem Weg.
Heute noch sagte mir jemand, er habe sich die Mysterienschule so vorgestellt, daß er nur genügend Wissen ansammeln müsse, um dann endlich einen Zustand innerer Sicherheit zu erlangen. Wie Du es vorhin ausgedrückt hast – er dachte, Wissen sei Macht. Das heißt, daß die Idee von endgültiger Sicherheit – Macht über die Ohnmacht zu erlangen – mit Leidensfreiheit gleichgesetzt wurde. Natürlich wird dadurch die reine Suche verfälscht.

Welche konkreten Voraussetzungen außer innerer Bereitschaft würdest Du noch nennen?

Keine außer persönlicher Reife und einer stabilen Persönlichkeit. Darüber hinaus ist das Gros der Menschen unterhalb einer bestimmten Altersgrenze ohnehin meist nicht am inneren Weg interessiert. Dazu gehört auch eine gewisse Lebenserfahrung, vor allem die Erfahrung, daß ein Mensch mit bestimmten Themen immer wieder in einer Sackgasse des Leidens gelandet ist und nun in einem bestimmten Alter entdeckt, daß er nicht ewig Zeit hat. Dann erst, vielleicht mit 40 oder 50 Jahren, versucht er ernsthaft herauszufinden, wie er aus den Sackgassen herauskommen könnte, und zwar für immer. Versuche einmal, einer 20jährigen zu erklären, sie bräuchte weder Mann noch Kinder, um glücklich zu sein.

Sie würde Dir nicht glauben und weiter hoffen, einen Mann fürs Leben zu finden, um glücklich zu sein.

Ein advaita-Lehrer lädt die Menschen ein, auf die ganze Welt zu verzichten, um in Frieden zu leben. Nicht nur auf einen Liebespartner. Nur wer auf die Welt vollständig verzichtet, kann sie wirklich genießen. Auf die Welt verzichten kann allerdings nur derjenige, der in der Lage ist, eine der grundlegenden Lehren des Buddha zu erkennen, nämlich daß die Welt Leiden ist.
Doch um auf den Anfang zurückzukommen: Es gibt keine Altersvorgabe für den Eintritt in die Mysterienschule. Die jüngsten Schüler sind Ende 20, die ältesten Mitte 70. Eine ältere Dame ist vor kurzem zu mir gestoßen, sie ist Mitte 80.

Was meinst Du mit „stabiler Persönlichkeit"?

Eine Mysterienschule ist nicht dazu da, die Arbeit eines Psychiaters zu ersetzen. Eigentlich setzt sie in ihren Heilimpulsen und in ihren psychologischen, esoterischen und spirituellen Lehren da an, wo eine gewöhnliche Therapie endet. Es gibt sicherlich eine Schnittmenge, aber im Prinzip kann man sagen, die Schule kann mit ihrer Arbeit erst dort beginnen, wo ein Mensch klinisch diagnostizierte pathologische Zustände verlassen hat. Es ist wesentlich, daß ein Mensch jederzeit ansprechbar ist. Nur so ist er auch belehrbar und einsichtsfähig. Um eine Mysterienschule zu besuchen, kann ein Mensch neurotisch sein, aber nicht psychotisch.

Ein psychotischer Mensch hat kein Gespür mehr für die Innenschau. Psychologisch gesehen, fehlt ihm die Introspektionsfähigkeit.

Introspektionsfähigkeit ist ein Merkmal von Intelligenz, und sicherlich bedarf es gewisser intellektueller Fähigkeiten, um eine Mysterienschule zu besuchen. Die ständige Ansprechbarkeit eines

Menschen ist notwendig, um in einer lebendigen Kommunikation zu sein, die sich an der REALITÄT orientiert und nicht an phantastischen Welten, die vom denkenden Geist geschaffen werden.
Nochmals zusammengefaßt würde ich sagen, die Mysterienschule verlangt zweierlei: Eine stabile Persönlichkeit und die Sehnsucht nach der Erkenntnis des Innersten.

Ich würde gern noch einen Aspekt hinzufügen. Eine Mysterienschule verlangt auch ein großes Maß an Verbindlichkeit.

Eine Mysterienschule hat und fordert natürlich ein höheres Maß an Verbindlichkeit als das sprunghafte Suchen von Wochenend-Seminaristen, die ihre Freizeit nach dem Motto verbringen: Mein Hobby ist der spirituelle Weg.
Verbindlichkeit ist für einen Freigeist erst einmal ein Negativbegriff. Sie bedeutet Einschränkung, Verzicht, Entbehrung. Möglicherweise Beschränkung auf Wesentliches, Reduktion. Sie kann Opfer bedeuten. All das sind natürlich Begriffe, die für einen modernen Wohlstandsmenschen, der tendenziell sowohl innere als auch äußere Bequemlichkeit lebt, negativ besetzt sind. Die eigentliche Frucht der Verbindlichkeit ist ihm nicht gegenwärtig, sie muß dem Geist, der auf sich schnell ändernde Reize konditioniert ist, erst einmal näher gebracht werden.
Wer hätte gedacht, daß sich innere Anbindung in Freiheit wandelt?

Ich kann immer wieder eine Gier in mir wahrnehmen, und diese Gier verlangt eben nach schneller Befriedigung.

Die Verwechslung zwischen Befriedigung, Befriedung und Frieden haben leider die allermeisten. Daß weniger Mehr sein kann, dem würde die Gier nicht zustimmen. Der Gierige ist immer auf der Suche nach den ganz großen Fischen. Doch wenn man genau hinschaut, stopft er ständig viele kleine Fische in sich hinein. Weil er einfach nicht in der Lage ist, still sitzen zu bleiben und zu warten, bis der große Fisch ganz von selbst vorbeigeschwommen kommt.

Das Leben ist ein großer Fisch, es braucht Geduld und Verzicht auf Ersatzbefriedigungen, überhaupt die Einsicht, daß sich ein bewußter Mangelzustand, ein bewußt erlebter innerer Hunger dann in Sättigung wandelt, wenn er bewußt im Nicht-Tun durchlebt wird, anstatt durch irgendein Tun vorübergehend und flüchtig gestillt zu werden.

Das erfordert, daß ich meine Kräfte zusammennehme, mich zentriere. Verbindlichkeit auf dem inneren Weg schenkt mir die Möglichkeit, mich in die Mitte zu versenken, in mich selbst.

Wenn du den ersten Anfall von Heißhunger durchlaufen und die Unbequemlichkeit der Nichtbefriedigung ausgehalten hast, dann beginnst du diese Verbindlichkeit zu schätzen und fühlst dich angebunden – ein Zustand, den du dir ja eigentlich immer gewünscht hast. Schon als Kind haben die meisten keine wirkliche Anbindung mehr an die Eltern erlebt, innerlich. Sie haben eher Liebesverlust erlebt, körperlich oder emotional, so daß die Verbindlichkeit ohnehin bereits gebrochen wurde oder gerissen ist. Einerseits sind sie auf der Suche nach sich Selbst, andererseits verlassen sie sich Selbst immer wieder – lassen sich Selbst im Stich. Und zerstören damit die Selbstverbindlichkeit.
Wenn wir tiefer schauen und äußere Verbindlichkeit in der Mysterienschule aus dem Blickwinkel der inneren Schulung betrachten, dann ist sie eine Spiegelung für innere Verbindlichkeit, eine Verbindlichkeit mit uns Selbst.

8
Menschliche Gesellschaft und Heilige Hochzeit

Kann ein Mensch, der eine Mysterienschule durchläuft, ein friedvoller, glücklicher Mensch werden, oder im Sinne der westlichen Philosophie und Religion gesprochen: ein guter Mensch?

Wenn jemand sein Wesen kennt und nach seinem Wesen lebt, wissend, daß das Wesen im Menschen gut ist – dann ist das Gutsein oder die gute Tat zwar nicht das angestrebte Ziel, aber doch etwas, was einfach geschieht. Wenn der Fokus auf der Entleerung des Ichs liegt, dann sind Veränderungen zum Positiven eine ganz natürliche Begleiterscheinung Innerer Arbeit.

Ist der innere Weg in einer Mysterienschule eine Privatangelegenheit, weil ich mein Leiden beenden möchte, oder ist er etwas, das der Menschheit dient?

Sowohl als auch. Ein nach außen am oberflächlich Sichtbaren orientierter Mensch würde sicherlich behaupten, daß eine Arbeit mit vielen Menschen eine entsprechend größere Wirkung hat als eine Arbeit mit wenigen. Ebenso würde er vielleicht erklären, daß es eine größere Wohltat für die Menschheit darstellt, wenn ich nach Afrika gehe und Brot für Hunderttausend verteile, als wenn ich jetzt zwei Menschen die innersten Gesetze des Lebens lehre.
Mein Bild für das Wirken einer Mysterienschule ist ein anderes: Ich würde sagen, daß die Wirkung eines Samens, der am richtigen Ort zur richtigen Zeit auf fruchtbaren Boden fällt, größer sein kann als das Verstreuen von Millionen Samen aus einem Flugzeug.

Du hast einmal gesagt: Die tiefste und folgenreichste Art, der gesamten Menschheit zu dienen, ist, indem du weißt, wer du bist...

Es gibt eine unbekannte Komplexität in den Beziehungen der Dinge untereinander. Die Chaostherorie zum Beispiel geht weit über die eindimensionalen Ursache-Wirkbeziehungen hinaus, wie wir sie kennen. So hat jeder Mensch eine ganz eigene, unbekannte Aufgabe, der Menschheit zu dienen. Man muß alle äußeren Bilder aufgeben, was das sein könnte oder wie das auszusehen hat. Es ist ein Irrtum zu glauben, daß ein Mensch, der wie Mutter Theresa offensichtlich Gutes in der Welt tut und damit vielen Mitmenschen äußerlich dient, mehr für die Welt tut als ein Einsiedler, der in seiner Höhle meditiert. Der findet seine wesensmäßige Aufgabe darin, in der Höhle zu sitzen und so seinen Dienst zu tun. Ein Anderer ist möglicherweise seinem Wesen nach aktiv in der Welt tätig, in der Politik oder in der Wirtschaft, und das ist sein Dienst an der Welt.
Die persönliche Moral versucht immer wieder, das eine besser zu nennen und das andere schlechter. Doch woher weiß sie das?

Das ist ja in unserer Kultur so angelegt, daß wir glauben, wer in einem Kloster lebt und Gutes tut, kommt eher in den Himmel als der Händler auf dem Marktplatz. So wurden unsere Klöster weltfremd, und in der Welt war Gott erledigt.

Gotteserkenntnis ist nicht weltfremd. Und ein weltliches Leben muß nicht in Gottesferne gelebt werden. Gotteserkenntnis schließt das alltägliche Leben mit ein. Spiritualität ist kein Nebenzweig des Lebens, fern der Tasse Tee am Morgen. Spiritualität ist eigentlich nur ein Begriff für das Höchste und gleichsam Allumfassende, das jeden alltäglichen und noch so gewöhnlichen Ausdruck eingeschlossen und integriert hat. Insofern ist der Begriff der Gotteserkenntnis durchaus ein Begriff, der das ganze Leben durchdringt.

Eine tagtägliche Erinnerung daran ist der Ring, den wir anlegen, wenn wir in die Mysterienschule eintreten. Das tun übrigens bis heute Mönche und Nonnen, wenn sie die ewigen Gelübde ablegen…

Ich sehe im Ring ein universelles Symbol der Ganzheit. Weiterhin ist der Ring ja auch in der säkularen Welt ein Symbol der Hochzeit, und ich verstehe den Ring als Symbol einer inneren Hochzeit, nämlich der Hochzeit mit dem SELBST. Wie in einer Ehe erinnert der Ring uns an das Gelübde, uns selbst treu zu sein, in guten und in schlechten Zeiten, denn die Hochzeit mit dem SELBST geht weit über das hinaus, was wir als Hochzeit von Mann und Frau kennen – das ist die kleine Hochzeit. Die eigentliche Vermählung ist jene, die dahinter zum Vorschein kommt, die Große Hochzeit.

Diese Hochzeit wird im Hinduismus auch als Vereinigung von Shiva und Shakti beschrieben, im Buddhismus als Vereinigung des Absoluten und des Relativen besungen, im Christentum als Liebesbegegnung der menschlichen Seele mit dem göttlichen Geliebten gefeiert.

Aus meiner Sicht geht es ausschließlich um diese Hochzeit, eigentlich ist das ganze Leben diese Hochzeit im Inneren. Die Mysterienschule dient der Großen Hochzeit, der Hochzeit zwischen Mensch und Gott: der Verwirklichung des menschlichen Gottseins und des göttlichen Menschseins.

9
Das Ende der Mysterienschule

Was läßt einen Schüler scheitern oder die Mysterienschule wieder verlassen?

Es scheitern Schüler, die an eine Grenze ihrer Lernbereitschaft stoßen. Sie stoßen an innere Grenzen, die sie nicht überwinden wollen. Das klingt zunächst relativ harmlos, aber man muß ja die Lernbereitschaft als Bereitschaft für einen ständigen Stirb- und Werdeprozess verstehen. Lernen ist ja nicht das, was ein Materialist darunter versteht: Immer mehr in sich hineinzustopfen, zusätzlich zu dem, was man sowieso schon kennt und weiß und hat; sondern wahres Lernen verlangt immer wieder eine Bereitschaft, das Alte sterben zu lassen, damit das Neue geboren werden kann. Kaum hat man etwas erkannt, landet dort und glaubt: Das ist es! – verlangt der Lehrer, es wieder sterben zu lassen. Lernen meint ein Fallen ohne Ende. Ohne jemals zu landen.

Papaji bezeichnete manche Schüler als „rock people" und drückte damit aus, daß sie äußerlich vielleicht lernbereit erschienen, jedoch innerlich hart und unbeweglich wie ein Felsen waren.

Es gibt in den Menschen unserer Kultur eine grundlegende Unbeugsamkeit und eine Nicht-Bereitschaft für jegliche Veränderung. Früher oder später trifft man in jedem Schüler auf diesen Felsen. Jahrelang geht jemand ganz entspannt und bereitwillig einen Weg der Vertiefung, und dann plötzlich macht es „bumm", und er ist gegen einen Felsen gelaufen, und es geht nicht weiter. An dieser entscheidenden Stelle kommt es zu einem inneren Ringen, das entweder zu einer Abkehr vom Lehrer führt oder zu einem wirklichen Durchbruch – eins von beiden.

Ich habe das Gefühl, daß ich mich als Mysterienschülerin darauf einstellen muß, auf viele kleine und große Felsen zu treffen – nicht nur einmal. Und das ist nicht nur ein Geschehen in der Schule, sondern auch im alltäglichen Leben.

Ständig gerätst du an Grenzen und reibst dich daran. Und natürlich ist das nicht notwendigerweise immer ein dramatischer Augenblick. An einer Grenze zu stehen und in sanftem inneren Mitfühlen diese Grenze wahrzunehmen, kann auch zu einem ganz sanften und einfachen Hindurchtauchen führen, denn die Grenze ist ja nicht real fest, sie ist ja nicht real hart, sie ist ja nicht wirklich aus Stein.

Aber Reibung gehört unbedingt zum Prozeß der Mysterienschule hinzu. Und Reibungshitze...

Dieser Prozeß wird ja häufig auch als „Schleifen eines Rohdiamanten" bezeichnet. Am Anfang braucht man die groben Instrumente, im Laufe der Zeit verfeinern sie sich, bis man am Ende nur noch mit einem Poliertuch vor diesen Diamanten sitzt. Instrumente verfeinern sich und passen sich auf natürliche Weise dem Zustand des Diamanten an, der sich letztendlich in einen Brillianten verwandelt.

In ein befreites, waches, erleuchtetes Wesen?

Ja, wenn der Diamant nach dem Grobschliff und dem Feinschliff poliert wird, dann (er)leuchtet er. Für mich deutet dieses Bild vom Rohdiamanten zum Brillianten den Weg zur Meisterschaft an. Wenn der Schüler zum Meister wird, dann ist seine (Aus-)Bildung zunächst einmal beendet.

Ist das auch das Ende der Mysterienschule?

Eine Mysterienschule hat kein äußerlich definiertes Ende in dem Sinne. Wenn sie ein Spiegel des weglosen Weges ist, dann kann sie kein Ende haben in der Zeit. Ich erhielt neulich einen Brief von einer Schülerin, die eine sehr schöne Erkenntnis hatte. Sie schrieb: „Ich dachte bisher, daß ich in die Mysterienschule gehen wollte, um Erleuchtung zu erlangen. Jetzt spüre ich, daß ich erleuchtet in die Mysterienschule zu gehen habe." Sie spricht auf verdeckte Weise dieses Paradoxon an, von dem wir mehrfach sprachen.

Daß der Weg das Ziel ist?

Genau. Daß das Streben der Vollkommenheit nach sich selbst die paradoxe Vervollkommnung der Vollkommenheit ermöglicht. Das Gehen eines Weges mit dem Fingerzeig auf die Glückseligkeit und die Erfüllung aller Wünsche in diesem Augenblick.

Das Gespräch führten Iris Rohmann und Ulrike Porep.
Bearbeitung Iris Rohmann.